백년 뇌를 위한
재미있는 두뇌 운동

그림 놀이
중급편

KB017573

이은아 박사의
치매 예방 활동북 ❷

재미있는

백년 뇌를 위한
두뇌 운동

이은아 지음

그림 놀이
중급편

이든서리벨

프롤로그

지난 20여 년간 진료실에서 다양한 원인으로 뇌기능이 저하된 치매 환자들의 사연을 만날 때마다, 마치 동상(冬傷)에 걸린 새끼발가락처럼 마음이 얼얼해지곤 했습니다. 신경과 의사로서 제가 할 수 있는 모든 방법을 동원해 치매 환자의 뇌기능을 회복하고, 잃어버린 삶을 다시 찾을 수 있도록 돕고 싶었습니다.

눈이 부시도록 화려하게 피어났던 꽃잎이 시들시들 지는 것처럼, 뇌세포가 쪼그라들어 기억력이 약해지고, 단어가 잘 안 떠오르고, 계산이 안 되고, 늘 익숙하게 다니던 길이 낯설게 느껴지는 치매 환자들의 뇌기능을 어떻게 하면 좋아지게 만들 수 있을까? 치매 환자들의 뇌를 흔들어 깨우기 위해 끊임없이 다양한 방법을 구하고 찾고, 문을 두드렸습니다. 그리고 치매에 숨겨진 놀라운 비밀들을 《이은아 박사의 치매를 부탁해》라는 책에 담았습니다.

우리는 지금 백 년의 삶을 누릴 수 있는 시대에 살고 있습니다. 건강하게 백 년을 사는 것은 큰 축복이지만, 나이가 들어감에 따라 누구나 치매에 걸릴 수도 있습니다.

치매의 비밀 중 하나는, 치매를 예방하기 위해 너무 이른 때도, 너무 늦은 때도 없다는 것입니다. 백 년 동안 치매에 걸리지 않는 뇌를 간직하기 위해서는 미리미리 뇌를 꾸준히 자극하고 활발하게 뇌세포 운동을 해야 합니다.

이 책은 사계절 아름다운 꽃을 통해 치매를 예방하는 뇌운동 활동북입니다. 치매를 예방하고 싶은 사람뿐 아니라, 아직 치매로 진행되지 않은 경도 인지장애 환자분들의 뇌기능을 회복시키기 위해 꼭 필요한 활동을 모두 담았습니다.

그림을 그리고, 숫자와 글자 잇기를 하고, 시를 암송하고 글도 써 보고, 가족사진을 꺼내어 이야기하는 시간을 통해 꾸준히 기억 훈련하는 생활 습관을 가져 보십시오. 그러면 여러분들의 뇌 안에서 잠자고 있던 뇌세포가 봄꽃처럼 다시 활짝 기지개를 켜고 피어날 것입니다.

우리 뇌는 정말 신비해서 치매에 걸린다고 한꺼번에 모든 뇌세포가 죽는 것은 아닙니다. 치매루 이미 진단을 받았다 할지라도, 뇌에는 죽은 세포와 죽어가는 세포가 있고, 아직 죽지 않고 건강한 뇌세포가 있습니다. 뇌 안에 조금 손상된 뇌세포가 있어도, 나머지 뇌세포들을 지속적으로 훈련해서 뇌기능을 높여 주면, 손상된 뇌세포의 기능을 대신할 수 있습니다. 또 청년기와 중년기에 뇌세포를 꾸준히 자극하고 활용해서 뇌의 예비 용량을 늘려 놓으면, 치매에 내성이 강한 뇌를 유지할 수 있고, 심지어 치매에 걸려도 건강하게 지낼 수 있습니다. 치매를 예방하기 위해서는 여러분이 생각하는 것보다 조금 더 일찍 뇌기능을 훈련하는 습관을 갖는 것이 중요합니다.

온 가족이 함께 뇌 훈련 과정에 즐겁게 참여할 때 치매 예방에 훨씬 효과가 좋습니다. 할머니, 할아버지, 어머니, 아버지, 손주, 손녀, 가족이 모두 모여 미리미리 치매 예방을 위한 뇌 운동 활동을 하면 좋습니다. 이 활동북을 통해, 여러분이 백 년 동안 건강한 뇌, 치매에서 자유로운 뇌를 가질 수 있기를 기대합니다.

끝으로 이 책이 출판될 수 있도록, 긴 시간 동안 기도와 사랑으로 옆에서 용기를 주고 지지해 준 남편 이준성 님, 딸 이지선 양, 아들 이승엽 군, 이은미 언니와 부모님, 소중한 나의 가족에게 감사합니다. 그리고 치매 환자들을 함께 돌보며 '삶을 치료하는 해븐리병원'의 비전을 이루어 나가는 나의 소중한 동역자들, 조문경, 이미애 부장, 조강숙 팀장을 비롯한 모든 직원들과 해븐리 두뇌연구소 직원들, 그리고 박윤환 목사님께 진심으로 감사드립니다.

제가 많은 임상 경험을 할 수 있도록, 실전에서 가르침을 주신 치매 환자들과 가족들께도 깊은 감사를 드립니다. 여러분과의 만남이, 여러분을 진료하는 시간이 제게는 더할 수 없이 기쁘고 감사한 시간이었음을 고백합니다.

신경과 전문의
신경과학 의학박사 이은아

추천사

100세 시대에 사람들이 암보다 더 두려워하는 병이 바로 치매입니다. 치매는 치료되지 않는 병이라고 생각하기 때문입니다. 이러한 잘못된 고정관념에 도전하며 20여 년간 진료와 연구, 제도 마련에 헌신해 온 이은아 박사를 오랫동안 지켜보았습니다. 환자에 대한 애틋한 사랑, 치료에 대한 열정, 그리고 수많은 경험을 녹여 만든 이 책은 온 가족이 함께 활용할 수 있는 패밀리 워크북이라는 점이 독특합니다. 가족이 함께 아름다운 꽃을 그리며, 두런두런 옛이야기도 하고, 퍼즐을 맞추고, 가족사진 붙이기도 하면서 가족 사랑을 회복할 수 있을 거라 확신합니다. 어린 손자와 손녀가 할머니 할아버지와 함께 활동북을 하는 화목한 가족의 모습을 상상해 봅니다.

_ 손기철 (헤브리터치 미니스트리 대표, 건국대학교 명예교수)

건강한 몸을 유지하며 오래 살아가는 것은 모두의 꿈일 것입니다. 그것보다 더 중요한 것은 몸뿐만 아니라 마음까지 건강하게 오래 사는 것입니다. 이 책은 오랜 기간 동안 임상에서 환자를 진료한 생생한 경험과 전문 의학적 지식, 그리고 창의적인 진료를 하기로 소문난 해브리 병원의 노하우가 고스란히 담겨 있습니다. 두뇌 자극에 필요한 활동을 놀이처럼 재미있게 하다 보면 어느새 기억력이 향상되어 있음을 느낄 수 있을 것입니다. 이 책이 가족이 소통하는 도구로, 뇌를 건강하게 회복시켜주는 도구로 활용될 수 있기를 바랍니다.

_ 한설희 (건국대학교병원 신경과 교수)

누구나 치매만은 피하고 싶다고 말합니다. 정부도 한때 치매와 전쟁을 선포한 적 있지요. 의사도 치매 어르신을 진료하는 것이 힘들다고 기피하는 게 현실입니다. 그러나 이은아 선생님은 치매 치료를 향한 도전을 멈추지 않았습니다. 환자의 입장에서 쉽고 재미있게 쓰이기를 바라는 마음으로 만든 이은아 선생님의 친절한 마음이 느껴집니다.

_ 박건우 (고려대학교병원 뇌신경센터장, 치매학회 이사장)

이 책은 100세 시대를 사는 요즘, 치매의 최고 전문가인 이은아 원장이 현장에서 경험하고 연구해 온 바를 대중에게 꼭 필요한 것만 골라 만든 책입니다. 치매에 걸린 환자뿐만 아니라 치매를 걱정하는 사람, 예방하기를 원하는 사람들도 쉽고 재미있게 참여해 볼 수 있습니다.

_ 김승현 (한양대학교병원 신경과 교수, 국가 치매 정책위원)

이은아 선생님이 그동안 환자를 진료하면서 보여 주었던 것처럼, 환자에 대한 애정과 가족에 대한 배려가 듬뿍 묻어 있는 책입니다. 고령화 시대에 꼭 필요하고, 치매 예방에 큰 도움이 될 것이라 생각합니다.

_ 심영목 (삼성서울병원 교수, 성균관대학교 의과대학 석좌교수)

이은아 원장님은 지난 22년 동안 진료실과 정책 현장에서 치매 환자를 위해 살아온 분입니다. 많은 분들이 원장님의 경험을 공유하여 치매에 대한 부정적인 선입견을 떨치고 뇌를 건강하게 지킬 수 있는 도구로 이 책이 사용되기를 기원합니다.

_ 고임석 (중앙치매센터 센터장, 국립중앙의료원 진료부원장)

2019년 봄, 남의 일이라고 생각했던 일이 내게도 찾아왔습니다. 아버지의 치매 진단으로 인해 만난 이은아 선생님은 환자를 진심으로 대하는 '의사의 자세'와 '자녀의 관심과 사랑'이 치료에 꼭 필요하다는 것을 알려 주셨습니다. 덕분에 1년이 지난 지금, 아버지는 증상이 많이 호전되어 일상생활이 가능하게 되었습니다. 다시 아버지와 순간순간을 기억하고 함께 웃을 수 있어 정말 감사합니다. 치매가 남의 일이라 생각하기보다 언젠가는 내게도 찾아올 수 있다는 마음으로 이 책을 활용하고 참여할 수 있으면 좋겠습니다.

_ 박휘순 (개그맨)

이 책의 활용법

1 《백년 뇌를 위한 재미있는 두뇌 운동-중급편》은 할머니, 할아버지, 어머니, 아버지, 손자, 손녀 등 온 가족이 함께하면 효과가 더 좋습니다.

2 우리나라의 아름다운 사계절의 꽃으로 책을 구성했습니다. 이를 통해 계절에 대한 지남력(시간과 장소 등을 올바로 인식하는 능력)을 기르는 연상 훈련을 해 봅니다.

3 먼저 그림을 시작하는 날짜와 요일을 기입해 봅시다. 지남력을 매일 훈련하는 것이 중요합니다.

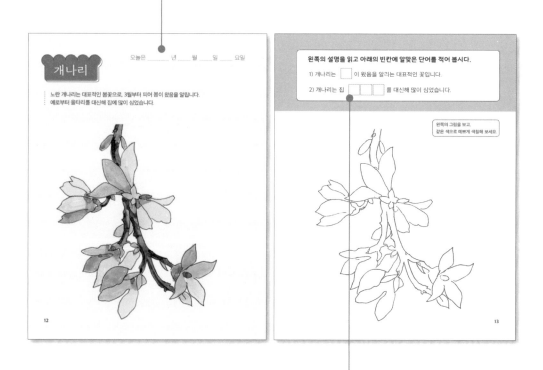

4 좌측 꽃 그림을 보고, 우측 밑그림에 좌측 그림과 같은 색을 칠해 봅니다. 그림을 색칠한 후 네모 박스의 빈칸에 답을 적어 넣습니다. 정답은 좌측 그림 설명문에서 찾을 수 있습니다.

5 그림을 눈으로 보고 인지하여 같은 색깔을 찾아 색칠하는 작업은 뇌의 후두엽과 두정엽, 전두엽을 자극합니다.

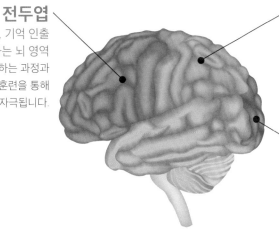

전두엽

행동, 계획, 감정, 성격, 기억 인출 기능을 담당하는 뇌 영역
손으로 직접 색을 칠하는 과정과 순서를 결정하는 훈련을 통해 전두엽에 있는 뇌세포가 자극됩니다.

두정엽

공간 개념, 방향, 위치 기억을 담당하는 뇌 영역

그림을 그리는 과정에서 공간 기능과 방향, 위치 인식을 통해 두정엽에 있는 뇌세포가 자극됩니다.

후두엽

시(視) 인지기능을 담당하는 뇌 영역

그림을 눈으로 보고 인지할 때 후두엽에 있는 뇌세포가 자극됩니다.

6 다음 페이지는 꽃의 일부분을 다시 색칠하며 꽃의 이름을 기억해 네모 박스 안, 흐린 글씨의 꽃이름을 다시 따라서 쓰는 연습을 합니다. 또 꽃잎에 적힌 숫자나 문자를 순서대로 연결할 때 소리 내어 읽으면서 그리면 두뇌 자극에 도움이 됩니다.

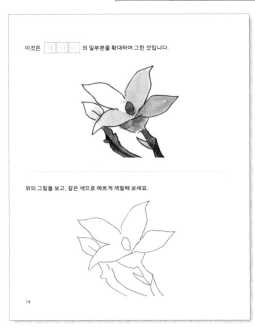

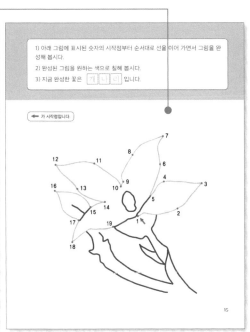

7 기억력 다지기 페이지에서는 앞에서 그린 꽃 색깔을 기억하여 꽃 이름을 찾아내는 **'색깔-글자 짝짓기 훈련(Matching Practice)'**을 통해, 기억력을 담당하는 측두엽과 수행 능력을 담당하는 전두엽을 자극합니다.

8 생각 이어 가기, 치매 예방을 위한 뇌운동 페이지에서는 꽃과 관련된 시 암송 및 글짓기, 노래하기, 추억을 나눌 수 있는 가족사진 붙이기 등의 활동을 가족과 함께 즐겨 보세요. 《백년 뇌를 위한 재미있는 두뇌 운동》은 치매 예방과 함께 가족의 소중한 기록집이 될 것입니다.

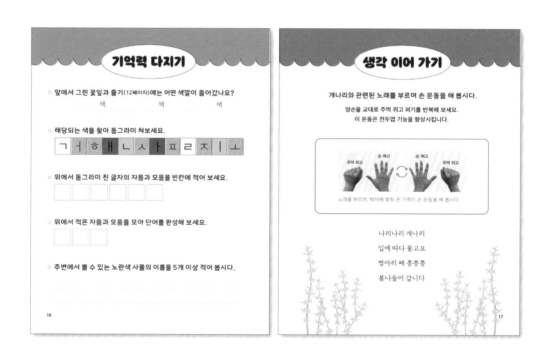

9 《백년 뇌를 위한 재미있는 두뇌 운동-중급편》을 마치시면 초급편에도 도전해 보세요. 좀 더 다양한 재미와 성취감을 느낄 수 있습니다.

목차

봄꽃

개나리 。12

꽃양귀비 。18

복숭아꽃 。24

산수유 。30

제비꽃 。36

여름꽃

접시꽃 。42

달맞이꽃 。48

백일홍 。54

분꽃 。60

해바라기 。66

가을, 겨울꽃

코스모스 。72

군자란 。78

개나리

노란 개나리는 대표적인 봄꽃으로, 3월부터 피어 **봄**이 왔음을 알립니다.
예로부터 **울타리**를 대신해 집에 많이 심었습니다.

왼쪽의 설명을 읽고 아래의 빈칸에 알맞은 단어를 적어 봅시다.

1) 개나리는 ☐ 이 왔음을 알리는 대표적인 꽃입니다.

2) 개나리는 집 ☐☐☐ 를 대신해 많이 심었습니다.

왼쪽의 그림을 보고,
같은 색으로 예쁘게 색칠해 보세요.

13

이것은 　개　나　리　의 일부분을 확대하여 그린 것입니다.

위의 그림을 보고, 같은 색으로 예쁘게 색칠해 보세요.

1) 아래 그림에 표시된 숫자의 시작점부터 순서대로 선을 이어 가면서 그림을 완성해 봅시다.

2) 완성된 그림을 원하는 색으로 칠해 봅시다.

3) 지금 완성한 꽃은 개 나 리 입니다.

← 가 시작점입니다.

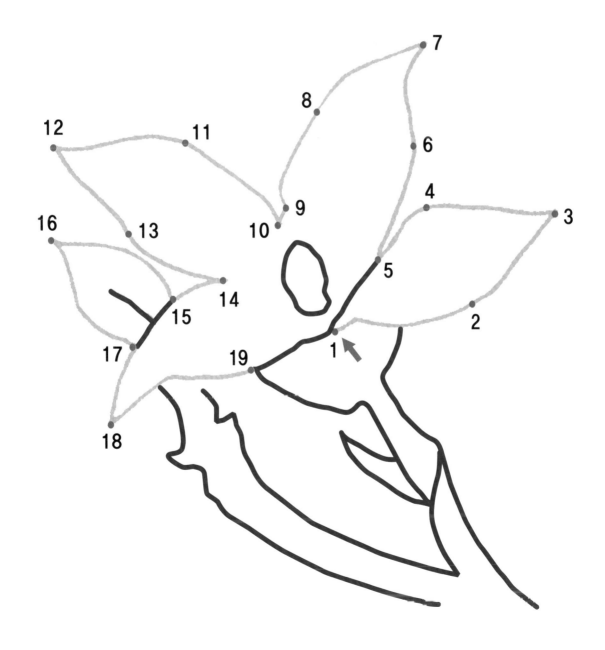

○ 앞에서 그린 꽃잎과 줄기(12페이지)에는 어떤 색깔이 들어갔나요?

　　　　　　　색　　　　　　　　　　색　　　　　　　　　　색
　　　............................　　　　　............................　　　　　............................

○ 해당되는 색을 찾아 동그라미 쳐보세요.

ㄱ	ㅓ	ㅎ	ㅐ	ㄴ	ㅅ	ㅏ	ㅍ	ㄹ	ㅈ	ㅣ	ㅗ

○ 위에서 동그라미 친 글자의 자음과 모음을 빈칸에 적어 보세요.

○ 위에서 적은 자음과 모음을 모아 단어를 완성해 보세요.

○ 주변에서 볼 수 있는 노란색 사물의 이름을 5개 이상 적어 봅시다.

16

개나리와 관련된 노래를 부르며 손 운동을 해 봅시다.

양손을 교대로 주먹 쥐고 펴기를 반복해 보세요.
이 운동은 전두엽 기능을 향상시킵니다.

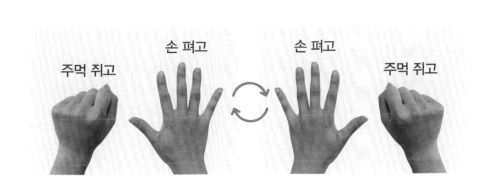

주먹 쥐고   손 펴고   손 펴고   주먹 쥐고

노래를 부르며, 박자에 맞춰 온 가족이 손 운동을 해 봅시다.

나리나리 개나리

입에 따다 물고요

병아리 떼 쫑쫑쫑

봄나들이 갑니다

꽃양귀비

꽃양귀비는 아편꽃이라고도 불리는 **두해살이** 꽃입니다.

긴 줄기 끝에 얇고 하늘하늘한 꽃이 한 송이씩 핍니다. 꽃은 **5~6월**에 피는데,

흰색, 주황색, 노랑색, 빨강색 등 색깔이 매우 다양합니다.

왼쪽의 설명을 읽고 아래의 빈칸에 알맞은 단어를 적어 봅시다.

1) 아편꽃이라고도 불리는 꽃양귀비는 □□□□ 꽃입니다.

2) 양귀비꽃은 □ ~ □ 월에 핍니다.

왼쪽의 그림을 보고,
같은 색으로 예쁘게 색칠해 보세요.

이것은 꽃 양 귀 비 의 일부분을 확대하여 그린 것입니다.

위의 그림을 보고, 같은 색으로 예쁘게 색칠해 보세요.

1) 아래 그림에 표시된 숫자의 시작점부터 순서대로 선을 이어 가면서 그림을 완성해 봅시다.

2) 완성된 그림을 원하는 색으로 칠해 봅시다.

3) 지금 완성한 꽃은 꽃 양 귀 비 입니다.

← 가 시작점입니다.

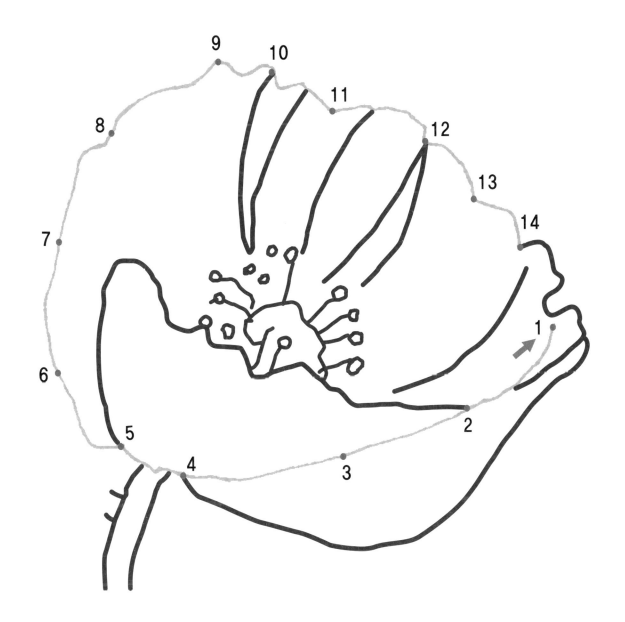

○ 앞에서 그린 꽃잎과 줄기(18페이지)에는 어떤 색깔이 들어갔나요?

_____ 색   _____ 색   _____ 색

○ 해당되는 색을 찾아 동그라미 쳐보세요.

ㄲ ㅗ ㅊ ㅇ ㅑ ㅇ ㄴ ㄱ ㅟ ㅂ ㄷ ㅣ

○ 위에서 동그라미 친 글자의 자음과 모음을 빈칸에 적어 보세요.

○ 위에서 적은 자음과 모음을 모아 단어를 완성해 보세요.

○ '꽃양귀비'라는 이름은 중국 최고의 미인 '양귀비'에 비길 만큼 꽃이 아름답다고 해
서 지어졌습니다. '양귀비' 외에 알고 있는 중국의 인물을 3명 이상 적어 보세요.

주제 글쓰기

글쓰기 활동은 뇌기능을 골고루 자극하고 활성화합니다.

'해바라기'로 지은 사행시를 읽고,
'꽃양귀비'로 사행시(四行詩)를 지어 봅시다.

 '해바라기' 사행시

해: 해를 따라다니는 해바라기

바: 바람에 흔들리지도 않는다.

라: 라라라 라라라

기: 기분 좋게 해를 따라다닌다.   (김량월 님 作)

꽃 :

양 :

귀 :

비 :

– 완성한 사행시를 큰 소리로 낭송해 보세요. –

복숭아꽃

- **복사꽃**이라고도 불리는 복숭아꽃은 복숭아나무의 꽃입니다.
- 4~5월 잎이 나기 전에 꽃이 피며, 색깔은 **연분홍**색입니다.
- 꽃이 떨어지고 나면 복숭아가 달려 7~9월 사이에 수확합니다.

왼쪽의 설명을 읽고 아래의 빈칸에 알맞은 단어를 적어 봅시다.

1) 복숭아꽃은 ☐☐☐ 이라고도 불립니다.

2) 4~5월에 피는 복숭아꽃은 ☐☐☐ 색입니다.

왼쪽의 그림을 보고,
같은 색으로 예쁘게 색칠해 보세요.

이것은 [복][숭][아][꽃] 의 일부분을 확대하여 그린 것입니다.

위의 그림을 보고, 같은 색으로 예쁘게 색칠해 보세요.

1) 아래 그림에 표시된 숫자의 시작점부터 순서대로 선을 이어 가면서 그림을 완성해 봅시다.

2) 완성된 그림을 원하는 색으로 칠해 봅시다.

3) 지금 완성한 꽃은 복숭아꽃 입니다.

← 가 시작점입니다.

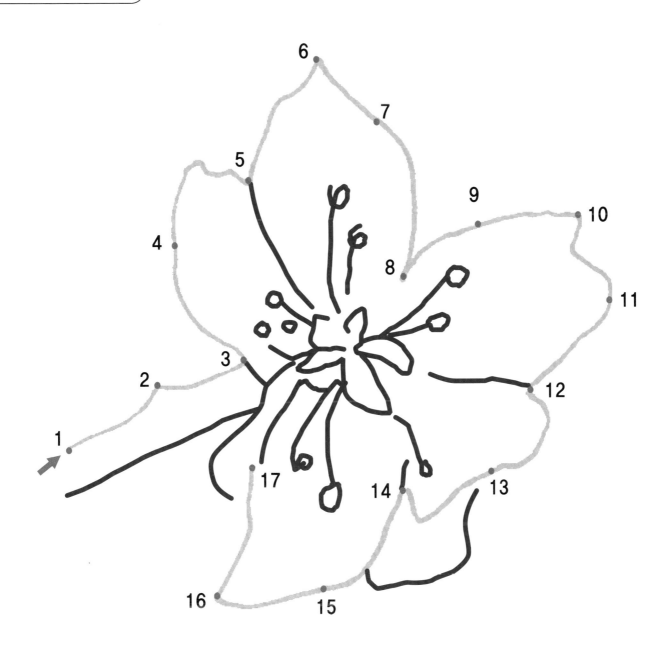

○ 앞에서 그린 꽃잎과 줄기(24페이지)에는 어떤 색깔이 들어갔나요?

＿＿＿＿＿ 색 　　　　＿＿＿＿＿ 색 　　　　＿＿＿＿＿ 색

○ 해당되는 색을 찾아 동그라미 쳐보세요.

ㅂㅠ	ㅗ	ㄱ	ㅅ	ㅍ	ㅜ	ㅇ	ㅇㅏ	ㄲ	ㅂㅗ	ㅊ

○ 위에서 동그라미 친 글자의 자음과 모음을 빈칸에 적어 보세요.

○ 위에서 적은 자음과 모음을 모아 단어를 완성해 보세요.

○ 봄이 제철인 과일을 3개 이상 적어 봅시다.

고향

정지용

고향에 고향에 돌아와도
그리던 고향은 아니러뇨.

산꿩이 알을 품고
뻐꾸기 제철에 울건만,

마음은 제 고향 지니지 않고
머언 항구로 떠도는 구름

오늘도 뫼 끝에 홀로 오르니
흰 점 꽃이 인정스레 웃고,

어린 시절에 불던 풀피리 소리 아니 나고
메마른 입술에 쓰디 쓰다.

고향에 고향에 돌아와도
그리던 하늘만이 높푸르구나.

나의 고향은 어디인가요?

**그리운 추억의 장소를
적어 봅시다.**

산수유

- **노란색** 산수유꽃은 **3~4월**에 잎보다 먼저 핍니다.
- 산수유의 붉은 열매는 긴 **달걀** 모양으로, 떫은 신맛이 강합니다.
- 10월 이후 수확해 술과 차, 한약 재료로 사용합니다.

왼쪽의 설명을 읽고 아래의 빈칸에 알맞은 단어를 적어 봅시다.

1) ☐☐☐ 의 산수유는 ☐ ~ ☐ 월에 꽃이 먼저 핍니다.

2) 산수유 열매는 긴 ☐☐ 모양입니다.

왼쪽의 그림을 보고,
같은 색으로 예쁘게 색칠해 보세요.

31

이것은 　산　수　유　의 일부분을 확대하여 그린 것입니다.

위의 그림을 보고, 같은 색으로 예쁘게 색칠해 보세요.

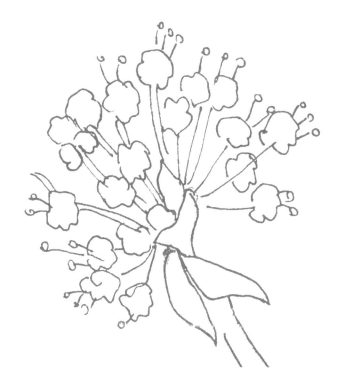

1) 아래 그림에 표시된 숫자의 시작점부터 순서대로 선을 이어 가면서 그림을 완성해 봅시다.

2) 완성된 그림을 원하는 색으로 칠해 봅시다.

3) 지금 완성한 꽃은 산 수 유 입니다.

← 가 시작점입니다.

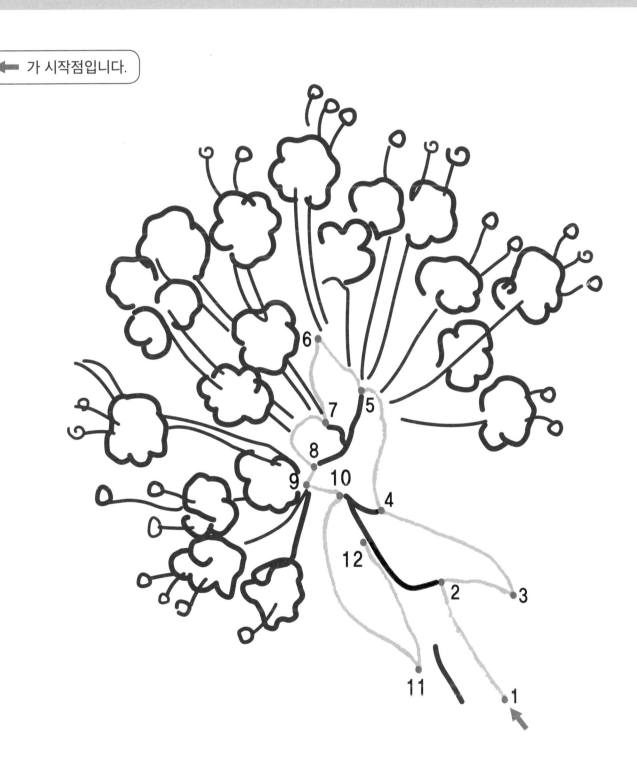

기억력 다지기

○ 앞에서 그린 꽃잎과 줄기(30페이지)에는 어떤 색깔이 들어갔나요?

　　　　　색　　　　　　　　　色

○ 해당되는 색을 찾아 동그라미 쳐보세요.

| ㅅ | ㅔ | ㅏ | ㄴ | ㅅ | ㅈ | ㅜ | ㅇ | ㄱ | ㅠ | ㅁ |

○ 위에서 동그라미 친 글자의 자음과 모음을 빈칸에 적어 보세요.

| | | | | | | |

○ 위에서 적은 자음과 모음을 모아 단어를 완성해 보세요.

| | | |

○ 예로부터 산수유 열매를 생약으로 많이 사용해 왔습니다.
　약으로 쓸 수 있는 열매나 식물을 3가지 이상 써 보세요.

주의: 식물을 남용하면 오히려 건강을 해칠 수 있습니다.

34

치매를 예방하는 뇌 건강 식품

등 푸른 생선 필수 지방산 오메가3의 보고

오메가3는 뇌세포와 뇌혈관을 건강하게 하고 기억 담당 뇌세포에서 분비되는 신경 전달 물질(아세틸콜린)을 활성화시킵니다.

카레 치매 발생률이 가장 낮은 인도의 비결!

카레의 주성분 커큐민은 뇌에 축적되는 독성 단백질을 분해해 기억 저장을 돕고 뇌세포를 보호합니다.

색깔 있는 과일과 채소 보기 좋은 음식, 뇌에도 좋다!

유리산소기는 뇌세포를 죽이고 각종 퇴행성 질환을 일으킵니다. 감귤, 딸기, 블루베리, 토마토, 고구마, 당근, 시금치 등 색깔 있는 과일과 채소에는 유리산소기를 제거하거나 기능을 못하게 하는 항산화물질이 많이 들어 있습니다. 뇌세포 손상을 막고, 기억을 회복시키는 데 도움이 됩니다.

녹차 하루 3잔, 뇌를 지키는 습관!

녹차에는 기억력 손상을 일으키는 효소의 활동을 막는 카테킨 성분이 들어 있습니다. 하루 3잔 이상 녹차를 마시면 기억력 손상을 줄이고 알츠하이머병의 진행을 늦출 수 있습니다.

나는 잘 먹고 있나요? 예 / 아니오

위의 글을 읽고 다음 .... 안에 알맞은 단어를 적어 보세요

치매를 예방하기 위해서는 .... , ... , ... , ... 와 같은 뇌 건강 식품을 규칙직으로 먹는 것이 좋습니다.

제비꽃

제비꽃은 4~5월에 피는 **보라색, 노란색, 흰색** 꽃입니다.

제비가 남쪽에서 돌아올 때쯤 꽃이 핀다고 하여 제비꽃이라고 불리며,

향기가 좋아 향수의 재료로도 사용됩니다.

왼쪽의 설명을 읽고 아래의 빈칸에 알맞은 단어를 적어 봅시다.

1) 제비꽃은 남쪽에서 ☐☐ 가 돌아올 때쯤 핍니다.

2) 제비꽃은 ☐☐ 색, ☐☐ 색, ☐ 색으로 핍니다.

왼쪽의 그림을 보고,
같은 색으로 예쁘게 색칠해 보세요.

이것은 　제　비　꽃　 의 일부분을 확대하여 그린 것입니다.

위의 그림을 보고, 같은 색으로 예쁘게 색칠해 보세요.

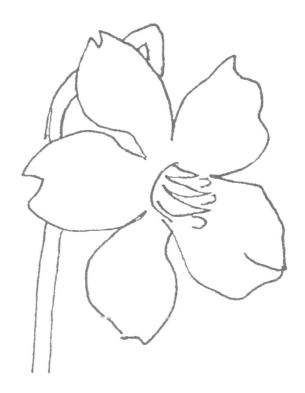

1) 아래 그림에 표시된 숫자 1부터 7까지, '가'부터 '하'까지 순서대로 선을 이으며 그림을 완성해 봅시다.

2) 완성된 그림을 원하는 색으로 칠해 봅시다.

3) 지금 완성한 꽃은 제 비 꽃 입니다.

← 가 시작점입니다.

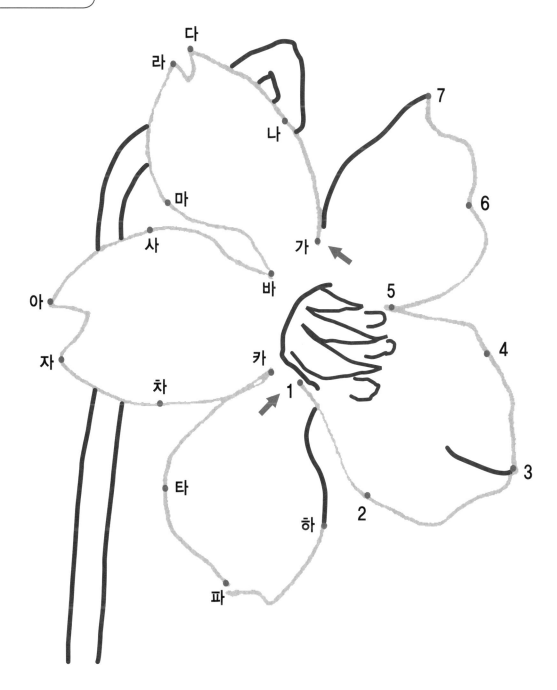

기억력 다지기

○ 앞에서 그린 꽃잎과 줄기(36페이지)에는 어떤 색깔이 들어갔나요?

.... 색   .... 색

○ 해당되는 색을 찾아 동그라미 쳐보세요.

| ㅈ | ㅔ | ㅓ | ㅎ | ㅂ | ㅍ | ㅣ | ㄲ | ㅠ | ㅗ | ㅊ |

○ 위에서 동그라미 친 글자의 자음과 모음을 빈칸에 적어 보세요.

○ 위에서 적은 자음과 모음을 모아 단어를 완성해 보세요.

○ 하늘을 날아다니는 새 이름을 3가지 이상 적어 보세요.

....

....

40

생각 이어 가기

아래에서 설명하고 있는 것은 무엇일까요?
힌트를 읽고, 빈칸에 답을 적어 주세요.

힌트

1. 하늘을 날아다니는 것입니다.

2. 검은색과 흰색으로 이루어져 있습니다.

3. 우리나라에서는 일 년 중 거의 여름에만 볼 수 있습니다.

4. 여름이 지나면 다른 지역으로 이동해 겨울을 보냅니다.

5. 전래 동화인 '흥부와 놀부'에도 등장합니다.

6. '흥부'를 부자로 만들어 주는 장본인이죠.

7. 답은 두 글자 입니다.

자, 답이 무엇일까요? ☐ ☐

제비꽃은 제비가 남쪽에서 돌아올 때쯤 꽃이 피고,
그 모양이 제비와 비슷하기 때문에
'제비꽃'이라는 이름이 붙었다고 합니다.

접시꽃

접시꽃은 꽃모양이 **접시**처럼 납작하다고 해서 붙여진 이름입니다.

6~8월에 피는 접시꽃은 **빨간색**, **분홍색**, **노란색**, **흰**색이 있습니다.

42

왼쪽의 설명을 읽고 아래의 빈칸에 알맞은 단어를 적어 봅시다.

1) 접시꽃은 꽃모양이 ☐☐ 처럼 납작합니다.

2) 접시꽃은 ☐☐ 색, ☐☐ 색, ☐☐ 색, ☐ 색입니다.

왼쪽의 그림을 보고,
같은 색으로 예쁘게 색칠해 보세요.

이것은 접 시 꽃 의 일부분을 확대하여 그린 것입니다.

위의 그림을 보고, 같은 색으로 예쁘게 색칠해 보세요.

1) 아래 그림에 표시된 숫자의 시작점부터 순서대로 선을 이어 가면서 그림을 완성해 봅시다.

2) 완성된 그림을 원하는 색으로 칠해 봅시다.

3) 지금 완성한 꽃은 | 접 | 시 | 꽃 | 입니다.

← 가 시작점입니다.

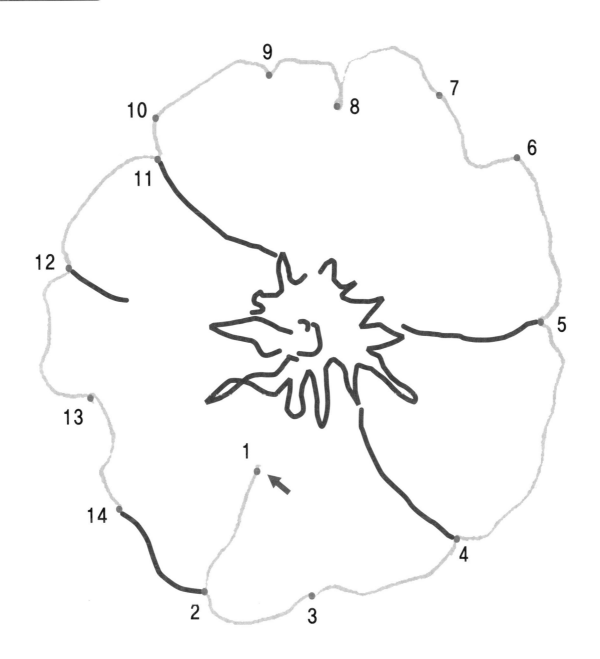

기억력 다지기

○ 앞에서 그린 꽃잎과 줄기(42페이지)에는 어떤 색깔이 들어갔나요?

                    색   색

○ 해당되는 색을 찾아 동그라미 쳐보세요.

○	ㅈ	ㅎ	ㅓ	ㅂ	ㅅ	ㅁ	ㅣ	ㄲ	ㅗ	ㄷ	ㅊ

○ 위에서 동그라미 친 글자의 자음과 모음을 빈칸에 적어 보세요.

○ 위에서 적은 자음과 모음을 모아 단어를 완성해 보세요.

○ 주방에서 사용하는 도구를 3개 이상 적어 보세요.

46

치매 예방을 위한 OX 퀴즈

1. 치매는 치료가 불가능하다. (O,X)
치매는 종류가 다양하고, 전체 치매 중에서 15% 정도는 치료가 가능합니다.
답: X

2.치매는 특별한 사람만 걸린다. (O,X)
치매는 뇌세포와 뇌혈관이 있는 한 누구나 걸릴 수 있는 병입니다.
답: X

3. 치매는 완치가 없어서 약물 치료는 효과가 없다. (O,X)
고혈압이나 당뇨처럼 치매도 꾸준히 관리하는 병입니다. 치매 치료 약물은 증상을 완화시키고 병을 지연시키는 데 효과가 있습니다.
답: X

4. 치매는 100% 유전되는 병이다. (O,X)
유전이 되는 치매는 약 5% 정도입니다. 가족력이 있으면 치매에 걸릴 위험이 높아지지만, 100% 유전되는 병은 아닙니다.
답: X

5. 고혈압, 당뇨, 중년의 비만은 치매에 걸릴 위험을 높인다. (O,X)
고혈압, 당뇨, 중년의 비만은 치매의 위험인자입니다. 식생활 습관 조절과 운동 등 적극적인 관리로 치매를 예방할 수 있습니다.
답: O

6. 수면 장애와 치매는 상관없다. (O,X)
불면증, 수면 무호흡증 등 수면장애는 치매와 밀접한 관계가 있습니다. 수면 시간 동안 독성 단백질인 아밀로이드와 여러 노폐물들이 분해돼 뇌에서 배출됩니다. 수면장애는 이런 활동을 방해해 뇌의 노화가 빨리 오고 치매도 잘 걸리게 합니다.
답: X

7. 치매를 예방하려면, 뇌에 좋은 음식을 꾸준히 먹어야 한다. (O,X)
치매를 예방하기 위해서는 뇌에 좋은 음식을 한꺼번에 많이 먹기보다, 어렸을 때부터 꾸준히 습관적으로 먹는 것이 좋습니다.
답: O

달맞이꽃

- 달맞이꽃은 7~9월에 피는 **노란**색 꽃입니다.
- 달맞이꽃 이라는 이름은 **달**을 기다리듯 **밤**에 꽃을 피운다고 하여 붙여진 것입니다.

왼쪽의 설명을 읽고 아래의 빈칸에 알맞은 단어를 적어 봅시다.

1) 달맞이꽃은 ☐☐ 색 꽃입니다.

2) 달맞이꽃은 ☐ 을 기다리듯 ☐ 에 꽃을 피운다고 하여 붙여진 이름
   입니다.

왼쪽의 그림을 보고,
같은 색으로 예쁘게 색칠해 보세요.

이것은 달 맞 이 꽃 의 일부분을 확대하여 그린 것입니다.

위의 그림을 보고, 같은 색으로 예쁘게 색칠해 보세요.

50

1) 아래 그림에 표시된 숫자의 시작점부터 순서대로 선을 이어 가면서 그림을 완성해 봅시다.

2) 완성된 그림을 원하는 색으로 칠해 봅시다.

3) 지금 완성한 꽃은 달 맞 이 꽃 입니다.

← 가 시작점입니다.

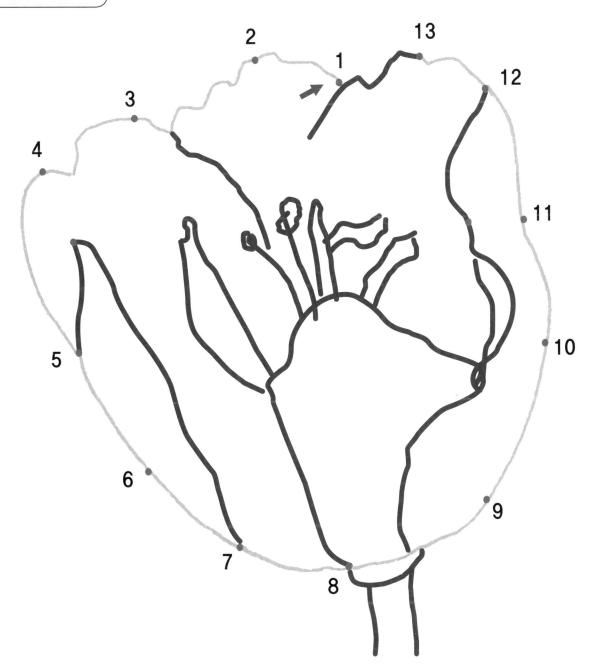

○ 앞에서 그린 꽃잎과 줄기(48페이지)에는 어떤 색깔이 들어갔나요?

색   색

○ 해당되는 색을 찾아 동그라미 쳐보세요.

| ㄷ | ㅕ | ㅏ | ㄹ | ㅁ | ㅏ | ㅈ | ㅇ | ㅣ | ㄲ | ㅗ | ㅊ |

○ 위에서 동그라미 친 글자의 자음과 모음을 빈칸에 적어 보세요.

| | | | | | | | | | | |

○ 위에서 적은 자음과 모음을 모아 단어를 완성해 보세요.

| | | | |

○ 달맞이꽃과 같은 색깔의 동물을 3개 이상 적어 보세요.

치매 예방을 위한 손 운동

1 양손을 펴고 엄지손가락부터 숫자 세기를 시작한다.

| 하나 | 둘 | 셋 | 넷 | 다섯 |

2 주먹을 쥐고 새끼손가락부터 숫자 세기를 시작한다.

| 여섯 | 일곱 | 여덟 | 아홉 | 열 |

3 양손을 마주 보도록 하고 엄지손가락부터 같은 손가락끼리 짝을 맞춘다. (엄지, 검지, 중지, 약지, 새끼손가락)

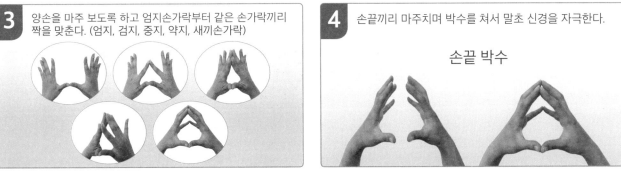

4 손끝끼리 마주치며 박수를 쳐서 말초 신경을 자극한다.

손끝 박수

5 양손을 깍지 껴서 손목을 양방향으로 돌린다.

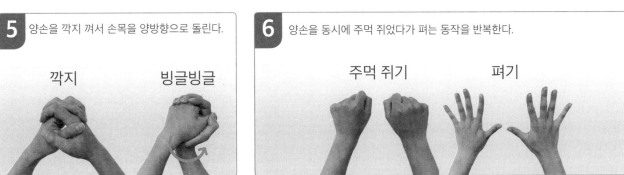

깍지   빙글빙글

6 양손을 동시에 주먹 쥐었다가 펴는 동작을 반복한다.

주먹 쥐기   펴기

백일홍

- 백일홍은 꽃이 **백 일**동안 핀다고 하여 붙여진 이름입니다.
- 6월~10월에 꽃이 피며 노란색, 빨간색, 분홍색, 흰색 등 색깔이 다양합니다.
- 백일홍은 원래 **잡초**였는데, 꽃이 아름다워 원예용으로 개량하여 기르게 되었습니다.

왼쪽의 설명을 읽고 아래의 빈칸에 알맞은 단어를 적어 봅시다.

1) 백일홍은 꽃이 ☐☐ 동안 핀다고 하여 붙여진 이름입니다.

2) 백일홍은 원래 ☐☐ 였는데, 개량하여 기르고 있습니다.

왼쪽의 그림을 보고,
같은 색으로 예쁘게 색칠해 보세요.

이것은 백 일 홍 의 일부분을 확대하여 그린 것입니다.

위의 그림을 보고, 같은 색으로 예쁘게 색칠해 보세요.

← 가 시작점입니다.

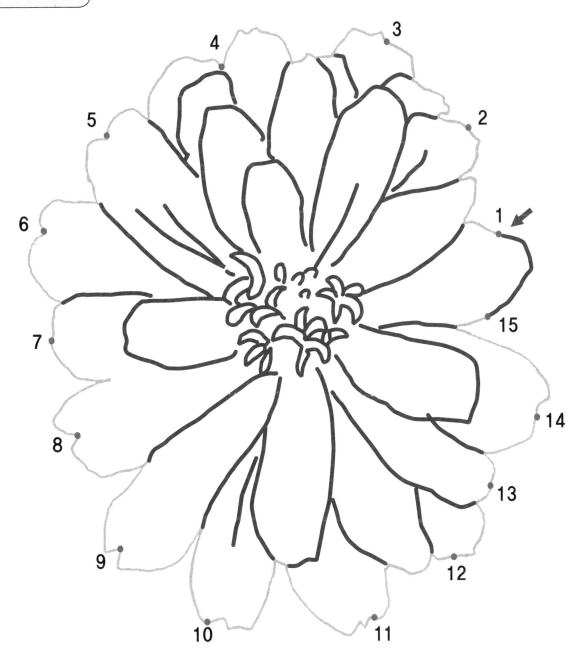

기억력 다지기

○ **앞에서 그린 꽃잎과 줄기(54페이지)에는 어떤 색깔이 들어갔나요?**

            색   색   색

○ **해당되는 색을 찾아 동그라미 쳐보세요.**

ㅂ	ㅐ	ㄱ	ㅛ	ㅇ	ㅣ	ㄹ	ㅔ	ㅎ	ㅗ	ㅇ	ㅟ

○ **위에서 동그라미 친 글자의 자음과 모음을 빈칸에 적어 보세요.**

○ **위에서 적은 자음과 모음을 모아 단어를 완성해 보세요.**

○ **'백일홍'으로 삼행시를 지어 봅시다.**

백 :

일 :

홍 :

치매 예방에 좋은 여가 활동

1 뜨개질과 바느질

2 악기 배우기

3 즐겁게 산책하기

4 친구 만나서 대화하기

5 운동하기

6 영화나 스포츠 경기 관람하기

7 신문, 잡지 등 책 읽기

8 교회나 성당 등 종교 활동하기

9 자원 봉사 활동

10 보드 게임
(우리나라의 화투 등)

11 다양한 모임 활동

12 강의를 듣거나
새로운 것을 배우기

위 여가 활동을 적어도 한 달에 6개 이상 실천해 보세요.

분꽃

분꽃은 6~10월에 피고, 분홍색, 노란색, 흰색 등 다양한 색깔이 있습니다.
분꽃은 **오후**에 피었다가 다음날 **아침**에 시드는데, **시계**가 없던 시절에는
분꽃이 피는 것을 보고 저녁 지을 준비를 했습니다.
분꽃이 시들고 나면 검은 열매가 맺힙니다.

왼쪽의 설명을 읽고 아래의 빈칸에 알맞은 단어를 적어 봅시다.

1) 분꽃은 [ ][ ] 에 피었다가 다음날 [ ][ ] 에 시듭니다.

2) [ ][ ] 가 없던 시절에는 분꽃이 피는 것을 보고 저녁 지을 준비를 했습니다.

왼쪽의 그림을 보고,
같은 색으로 예쁘게 색칠해 보세요.

61

이것은 분 꽃 의 일부분을 확대하여 그린 것입니다.

위의 그림을 보고, 같은 색으로 예쁘게 색칠해 보세요.

1) 아래 그림에 표시된 숫자의 시작점부터 순서대로 선을 이어 가면서 그림을 완성해 봅시다.

2) 완성된 그림을 원하는 색으로 칠해 봅시다.

3) 지금 완성한 꽃은 ⬚분⬚ ⬚꽃⬚ 입니다.

⬅ 가 시작점입니다.

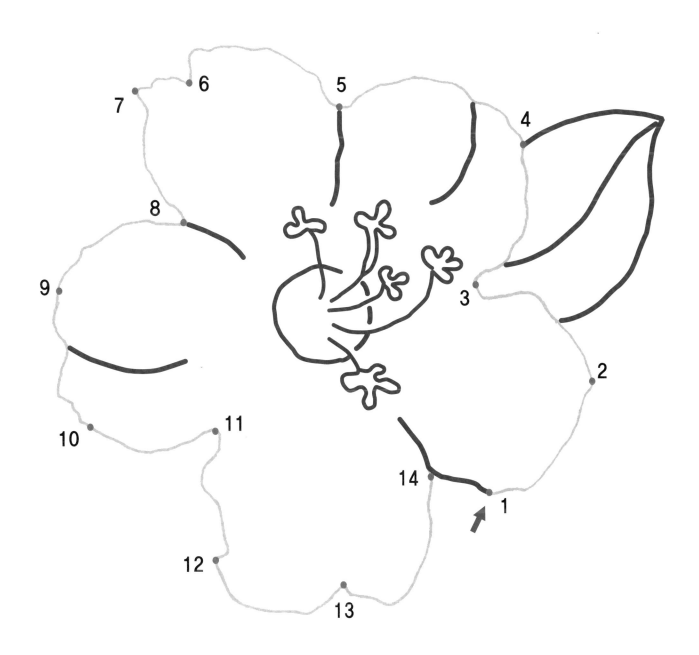

○ 앞에서 그린 꽃잎과 줄기(60페이지)에는 어떤 색깔이 들어갔나요?

_____ 색   _____ 색

○ 해당되는 색을 찾아 동그라미 쳐보세요.

ㅊ	ㅂ	ㅍ	ㅜ	ㅈ	ㄴ	ㅇ	ㄲ	ㅅ	ㅗ	ㅘ	ㅊ

○ 위에서 동그라미 친 글자의 자음과 모음을 빈칸에 적어 보세요.

○ 위에서 적은 자음과 모음을 모아 단어를 완성해 보세요.

○ 분꽃은 시들고 나면 검은 씨앗이 맺힙니다. 분꽃처럼 씨앗이 검은색인 과일을 3가지 이상 적어 보세요.

....

치매를 예방하는 생활 습관

1. 술, 담배 끊기

치명적인 유혹, 치명적인 기억 손상 !

술의 알코올: 기억 세포를 파괴하고, 뇌혈관을 손상시켜 뇌가 기억을 저장할 때 필요한 에너지 공급을 방해한다.

담배의 니코틴: 신경 세포를 마비시켜 기억력을 감퇴시킨다.

2. 6시간 이상 자기

충분한 수면은 삶의 질을 높인다 !

아무리 많은 양을 공부해도 잠을 충분히 자지 않으면 공부한 내용이 뇌 속에 저장되지 않는다. 적절한 수면은 뇌세포가 기억을 저장하는 데 필수 조건! 잠 안자고 공부하는 것은 '자기만족'일뿐, 효율은 떨어진다.

나는 잘 지키고 있나요?   예 / 아니오

해바라기

해바라기는 한해살이 식물로, 8~9월 사이 노란색 꽃이 핍니다.
해바라기는 **해**가 움직이는 방향을 따라 꽃이 움직인다고 해서 붙여진 이름입니다.
꽃 가운데 부분에 씨앗이 맺히는데, 해바라기 씨앗은 볶아 먹거나
기름을 짜서 식용유 대신 사용하기도 합니다.

왼쪽의 설명을 읽고 아래의 빈칸에 알맞은 단어를 적어 봅시다.

1) 해바라기는 ☐ 가 움직이는 방향을 따라 꽃이 움직입니다.

2) 해바라기 씨앗은 ☐☐ 을 짜서 식용유 대신 사용하기도 합니다.

왼쪽의 그림을 보고,
같은 색으로 예쁘게 색칠해 보세요.

이것은 　해　바　라　기　 의 일부분을 확대하여 그린 것입니다.

위의 그림을 보고, 같은 색으로 예쁘게 색칠해 보세요.

1) 아래 그림에 표시된 숫자의 시작점부터 순서대로 선을 이어 가면서 그림을 완성해 봅시다.

2) 완성된 그림을 원하는 색으로 칠해 봅시다.

3) 지금 완성한 꽃은 해 바 라 기 입니다.

가 시작점입니다.

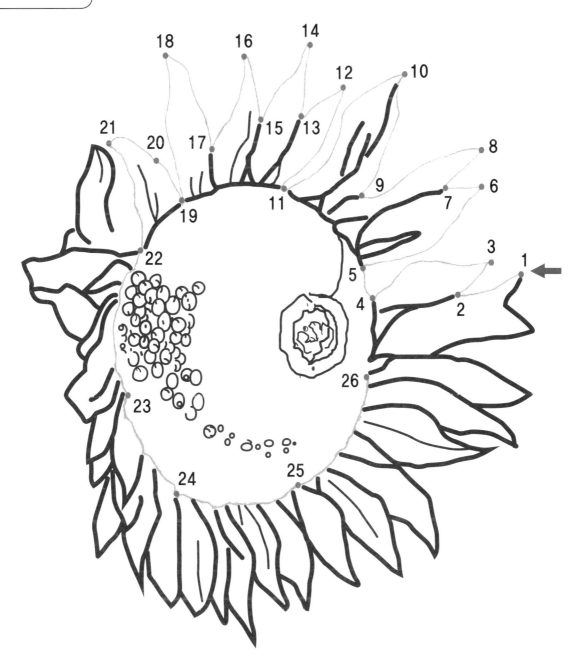

○ 앞에서 그린 꽃잎과 줄기(66페이지)에는 어떤 색깔이 들어갔나요?

_____ 색   _____ 색   _____ 색

○ 해당되는 색을 찾아 동그라미 쳐보세요.

| ㅎ | ㄱ | ㅐ | ㅇ | ㅂ | ㅏ | ㄴ | ㄹ | ㅏ | ㄱ | ㅣ | ㅇ |

○ 위에서 동그라미 친 글자의 자음과 모음을 빈칸에 적어 보세요.

○ 위에서 적은 자음과 모음을 모아 단어를 완성해 보세요.

○ 해바라기 씨앗은 고소한 맛이 일품인 견과류입니다. 해바라기씨 외에 다른 견과류를 3가지 적어 보세요.

_____

주제 글쓰기

글쓰기 활동은 뇌기능을 골고루 자극하고 활성화합니다.

'아네모네'로 지은 사행시를 읽고,

'해바라기'로 사행시(四行詩)를 지어 봅시다.

예시 '아네모네' 사행시

아: 아버지 어머니 돌아가셔도

네: 네 형제 오손도손 우애 있네

모: 모자 쓰고 정장 입고 구두 신고

네: 네 형제 모두 모여 성묘 가세   (임옥규 님 作)

해 : _____

바 : _____

라 : _____

기 : _____

– 완성한 사행시를 큰 소리로 낭송해 보세요. –

코스모스

코스모스는 대표적인 **가을**꽃으로, 6~10월에 피고 꽃 색깔은
연분홍색, 빨간색, 흰색으로 다양합니다. **바람**에 흔들리는 모습이 아름다워
길가에 많이 심어 놓습니다.

왼쪽의 설명을 읽고 아래의 빈칸에 알맞은 단어를 적어 봅시다.

1) 코스모스는 대표적인 ☐☐ 꽃입니다.

2) ☐☐ 에 흔들리는 코스모스가 아름다워 ☐☐ 에 많이 심습니다.

왼쪽의 그림을 보고,
같은 색으로 예쁘게 색칠해 보세요.

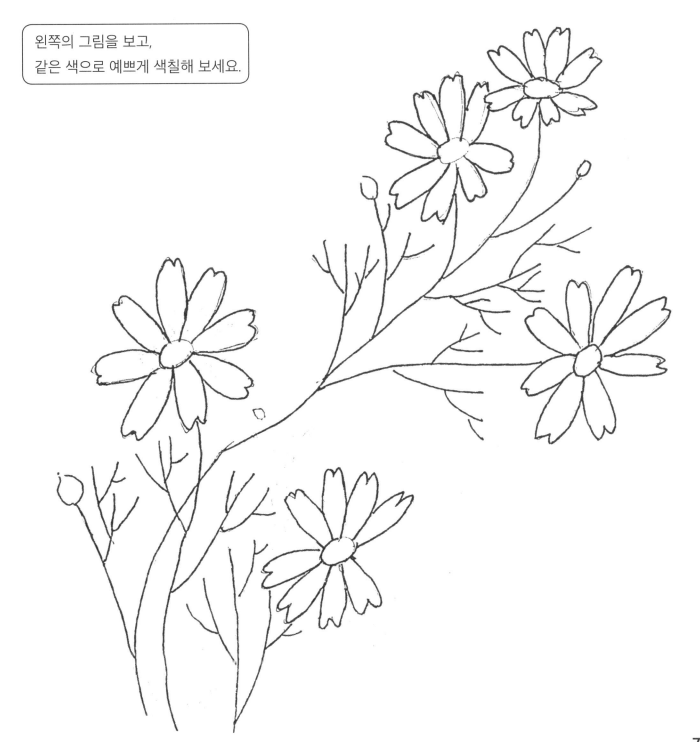

이것은 코 스 모 스 의 일부분을 확대하여 그린 것입니다.

위의 그림을 보고, 같은 색으로 예쁘게 색칠해 보세요.

1) 아래 그림에 표시된 숫자의 시작점부터 순서대로 선을 이어 가면서 그림을 완성해 봅시다.

2) 완성된 그림을 원하는 색으로 칠해 봅시다.

3) 지금 완성한 꽃은 | 코 || 스 || 모 || 스 | 입니다.

← 가 시작점입니다.

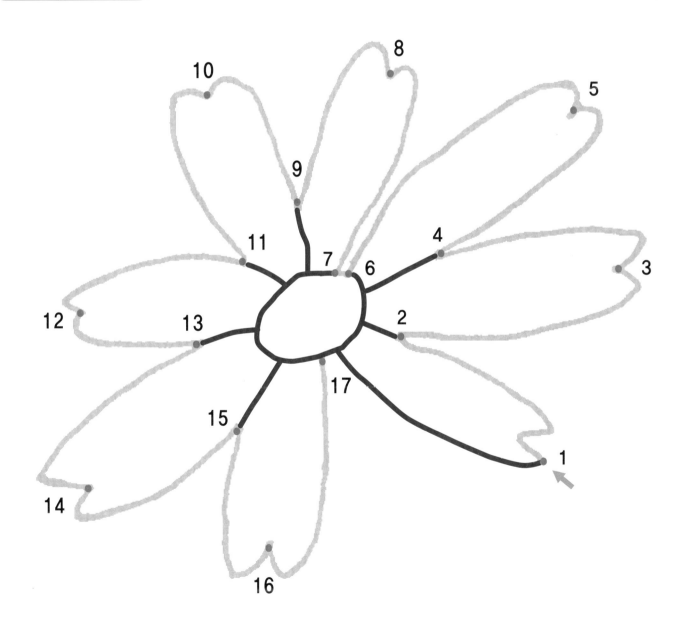

기억력 다지기

○ 앞에서 그린 꽃잎과 줄기(72페이지)에는 어떤 색깔이 들어갔나요?

_____ 색   _____ 색

○ 해당되는 색을 찾아 동그라미 쳐보세요.

ㅋ	ㅗ	ㅅ	ㅡ	ㅕ	ㅁ	ㄴ	ㅗ	ㅂ	ㅅ	ㄹ	ㅡ

○ 위에서 동그라미 친 글자의 자음과 모음을 빈칸에 적어 보세요.

○ 위에서 적은 자음과 모음을 모아 단어를 완성해 보세요.

○ 코스모스와 같은 계절에 나오는 과일을 3개 이상 적어 보세요.

주제 글쓰기

글쓰기 활동은 뇌기능을 골고루 자극하고 활성화합니다.

'꽃양귀비'로 지은 사행시를 읽고,
'코스모스'로 사행시(四行詩)를 지어 봅시다.

예시 **'꽃양귀비' 사행시**

꽃: 꽃 같이 아름답게 살자

양: 양 같이 착하게 살자

귀: 귀엽고 아름답게 살자

비: 비눗방울 같이 예쁘게 살자   (김정호 님 作)

코:

스:

모:

스:

– 완성한 사행시를 큰 소리로 낭송해 보세요. –

군자란

군자란은 1~3월에 **주황**색 꽃이 피는 **여러해살이** 식물로,
우리나라에서는 주로 **실내**에서 키웁니다.
한 줄기에 꽃이 12~20개나 피어 집안을 화사하고 아름답게 만듭니다.

왼쪽의 설명을 읽고 아래의 빈칸에 알맞은 단어를 적어 봅시다.

1) 군자란은 [ ][ ] 색 꽃이 피는 [ ][ ][ ][ ] 식물입니다.

2) 우리나라에서는 군자란을 주로 [ ][ ] 에서 키웁니다.

왼쪽의 그림을 보고,
같은 색으로 예쁘게 색칠해 보세요.

이것은 　군　자　란　의 일부분을 확대하여 그린 것입니다.

위의 그림을 보고, 같은 색으로 예쁘게 색칠해 보세요.

1) 아래 그림에 표시된 숫자의 시작점부터 순서대로 선을 이어 가면서 그림을 완성해 봅시다.

2) 완성된 그림을 원하는 색으로 칠해 봅시다.

3) 지금 완성한 꽃은 　군　자　란　입니다.

← 가 시작점입니다.

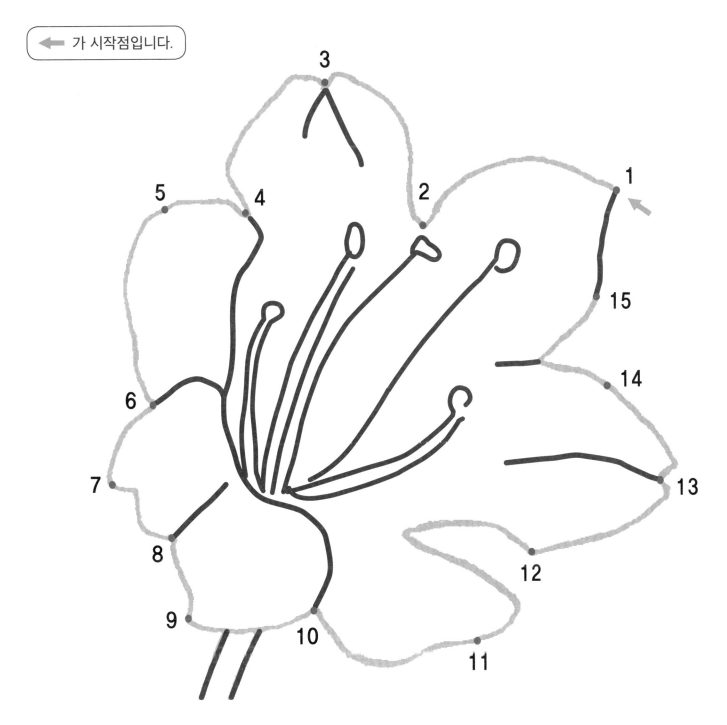

○ 앞에서 그린 꽃잎과 줄기(78페이지)에는 어떤 색깔이 들어갔나요?

_____색　　　　_____색　　　　_____색

○ 해당되는 색을 찾아 동그라미 쳐보세요.

ㄱ ㅜ ㅣ ㄴ ㅈ ㅎ ㅏ ㄹ ㅂ ㅏ ㄷ ㄴ

○ 위에서 동그라미 친 글자의 자음과 모음을 빈칸에 적어 보세요.

○ 위에서 적은 자음과 모음을 모아 단어를 완성해 보세요.

○ 가족의 휴대전화 번호를 외워서 3개 이상 적어 보세요.

_____

_____

액자에 꽃과 함께 찍은 사진을 붙여 보세요.
사진이 없으면 손자, 손녀들과 함께 그려서 붙여도 좋습니다.

사진 속에 있는 꽃은 무슨 꽃인가요?

언제, 어디서 찍은 사진인가요?

- 사진을 찍었던 시간과 사람들을 기억해 봅시다.-

이은아 신경과 전문의, 신경과학 의학박사, 해븐리병원장

전공의 시절 행동 신경학을 배우면서, 뇌와 사람의 행동에 대해서 관심 갖게 되었다. '하늘 아래 처음 보는 병은 없다. 의사가 못 찾은 것일 뿐'이라는 스승의 가르침을 평생 마음에 새기고 환자를 끝까지 포기하지 않는 마음으로 진료하고 있다. 2008년 환자를 위해 마음껏 진료할 수 있는 병원, 천국 같은 하늘 마을, 해븐리병원을 개원했다. '병을 치료하는 것이 아니라, 치매 환자의 삶을 치료하는 것'임을 깨닫고, 때론 치매 환자와 함께 먹고 자고 생활하면서 다양한 방법으로 치료를 시도해 왔다. 치매 환자와 가족들은 그를 '치매 분야의 야전 사령관'이라 부른다. 특히 치매 환자들의 뇌기능을 회복하기 위해, 아직 치매로 진행되지 않은 경도인지장애 분들의 뇌를 자극하기 위해 꼭 필요한 활동을 모아 이 책을 만들었다. 실제 병원에서 환자들의 치료에 사용하면서 긍정적인 효과를 많이 경험했다. '치매는 치료가 안 된다'는 선입견과 의학적 지식의 틀을 깨고 '치매도 치료할 수 있다. 예방하고 평생 관리하는 병이다!'라는 것을 이 치료들을 통해서 증명했다.

그림 유진선

조선대학교 미술대학 회화과를 졸업하고, 서양화가로 꾸준한 활동을 하고 있다. 4회의 개인전과 한·일 미술교류전, 한·독 현대미술초대전, 유럽 4개국 순회전 등 해외 초대전과 100여 회 이상의 국내 단체전에 참여했다. 지금은 그림을 사랑하는 사람들에게 가르침을 주고 있다.

백년 뇌를 위한

재미있는 두뇌 운동 중급편

초판 1쇄 발행 2021년 4월 26일
초판 4쇄 발행 2024년 10월 24일

지은이 이은아
그림 유진선
펴낸이 이범상
펴낸곳 (주)비전비엔피·이덴슬리벨

기획 편집 차재호 김승희 김혜경 한윤지 박성아 신은정
디자인 김혜림 이민선
마케팅 이성호 이병준 문세희
전자책 김성화 김희정 안상희 김낙기
관리 이다정

주소 우)04034 서울특별시 마포구 잔다리로7길 12 (서교동)
전화 02) 338-2411 | **팩스** 02) 338-2413
홈페이지 www.visionbp.co.kr
이메일 visioncorea@naver.com
원고투고 editor@visionbp.co.kr
인스타그램 www.instagram.com/visionbnp
포스트 post.naver.com/visioncorea

등록번호 제2009-000096호

ISBN 979-11-88053-71-1